Richard Deiss

Stadt der Gedichte

77 städtische Gedichttafeln in deutscher Sprache

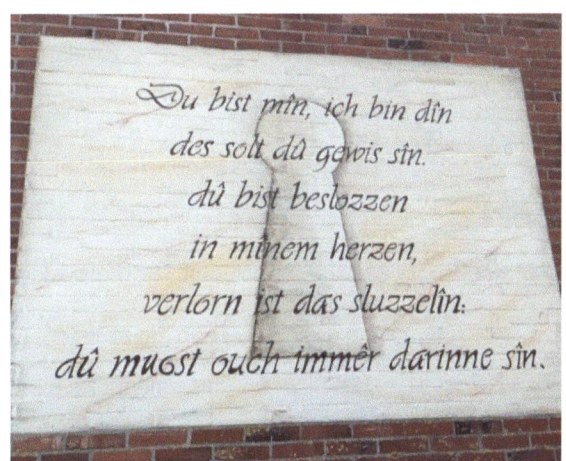

Impressum

Autor:	Richard Deiss
Fotografien:	Richard Deiss/siehe Quellennachweis
Cover:	Richard Deiss (Bild: Arnold Leifert Gedicht Herbst, Lyrikweg Much)
Lektorin:	Heide von Lackum
Kontakt:	richard.deiss@gmail.com

Herstellung und Verlag: BoD - Books on Demand, Norderstedt, Printed in Germany

ISBN: 978-3-756-2013-03

Erste Auflage 2022, Originalausgabe

Bibliografische Information der Deutschen Nationalbibliothek
Die Deutsche Nationalbibliothek verzeichnet diese Publikation in der Deutschen Nationalbibliografie; detaillierte bibliografische Daten sind im Internet über http://dnb.d-nb.de abrufbar

Inhalt

Annette Droste-Hülshoff-Gedicht **Herzlich** aus der ab den 1820er Jahren erstellten Sammlung **Klänge aus dem Orient** am Rathaus von Sögel.

Herzlich
All meine Rede
und jegliches Wort
Und jeder Druck
meiner Hände,
Und meiner Augen
kosender Blick,
Und alles,
was ich geschrieben:
Das ist kein Hauch
und ist keine Luft,
Und ist kein Zucken
der Finger,
Das ist meines Herzens
flammendes Blut,
Das dringt hervor
durch tausend Tore.

Annette von Droste-Hülshoff
(1797-1848)

Vorwort

Ich bin ein Vielreisender, was Städte betrifft und habe in Deutschland bereits mehr als 1000 Städte besucht, im übrigen Europa 1000 weitere Städte. Bei den Städtebesuchen stieß ich immer wieder auf bemerkenswerte Gedenk- und Informationstafeln. Wahrscheinlich habe ich bereits mehr als 1000 solcher Tafeln gesehen. Anfang des Jahres 2022 fasste ich den Beschluss, die interessantesten Tafeln in einem kleinen Taschenbuch aufzulisten. Später beschloss ich, mehrere thematische Einzelbände herauszubringen. Der erste Band war dabei besonders witzigen und kuriosen Tafeln gewidmet und erschien Ende Mai. Der zweite Band sollte Tafeln mit Gedichten zeigen. Schließlich ergab sich eine Aufteilung in einen Band zu deutschsprachigen Gedichten, überwiegend in deutschen Städten, einen Band mit Gedichten und anderen Texten in deutschen Dialekten und einen zu Gedichten in anderen Sprachen. Hiermit liegt der erste von drei Bänden vor, mit Gedichten in deutscher Sprache, gefunden im öffentlichen Raum verschiedener Städte in Deutschland, Österreich, plus der Fassadengedichtstadt Leiden in den Niederlanden. Insgesamt sind es 77 Gedichttafeln (plus andere Tafeln und Bilder).

Die vorliegende Zusammenstellung ist eine bunte Mischung aus verschiedenen Tafeltypen und Fassadeninschriften.
Ich freue mich, wenn das Buch LeserInnen findet, die es interessant und unterhaltsam finden. Rückmeldungen und Kommentare sind willkommen. Vielleicht werden LeserInnen auch angeregt, die eine oder andere Tafel selbst in Augenschein zu nehmen.

Viel Spaß mit dem Lesen der hier
gesammelten Lyrikkostproben.

Wuppertal, im Juli 2022
Richard Deiss

1. Stadt der Gedichte, Gedichte an Fassaden

Die holländische Stadt Leiden ist eine der Pionierstädte, was Fassadengedichte unterschiedlicher, nicht stadt-bezogener Autoren betrifft. Leiden hat andere niederländische Städte ebenfalls dazu inspiriert, wie etwa Nijmegen, aber auch Metropolen in anderen europäischen Ländern, wie Sofia und sogar kleine ländliche Gemeinden, wie das niedersächsische Sögel.

In Deutschland sticht die osthessische Kleinstadt Hünfeld in Bezug auf Fassadengedichte heraus. Im Rahmen des Projektes **Das offene Buch Stadt Hünfeld** sind mehr als 125 Gedichte der gestaltungs-orientierten Konkreten Poesie an Flächen der Stadt angebracht worden.

Von den über 100 Wandgedichten in Leiden werden hier zwei von deutschsprachigen Autoren (beides Österreicher) präsentiert. In der westniedersächsischen Gemeinde Sögel hat man das Konzept kopiert und in kleinerem Maßstab umgesetzt. Aus diesem Projekt werden vier Gedichte gezeigt, aus Hünfeld drei.

Eichendorff-Gedicht **Wünschelrute** in Sögel

Leiden

Die holländische Stadt Leiden, Sitz der ältesten Universität des Landes (1575 gegründet) und Geburtsstadt Rembrandts (1606-1669), ist eine Stadt der Gedichte.

Im Jahre 1992 begann das Projekt **Muurgedichte**, teilweise finanziert durch die private Tegen-Beeld-Stiftung. Bis 2005 wurden etwa 101 Gedichte aus verschiedenen Ländern und in verschiedenen Sprachen an Fassaden der Stadt angebracht. Eigentlich war das Projekt damit abgeschlossen, doch seine Popularität sorgte dafür, dass die Zahl der Gedichte um etwa eines pro Jahr weiterwuchs. Mittlerweile sind es über 120 Gedichte. Zusätzlich kamen Gedichte außerhalb des Projektes und Formeln an Fassaden hinzu.

Am Rembrandtplatz in Leiden

Konrad Bayer, Kaasmarkt 4

Der in Wien geborene österreichische Avantgarde-Schriftsteller **Konrad Bayer** (1932-1964) versuchte sich auch an innovativen, dadaistischen Texten. Interessant, dass dieser durch Selbstmord jung gestorbene, und heute kaum mehr bekannte Dichter in Leiden vertreten ist.

Ingeborg Bachmann, Nieuwe Rijn 94

Die in Klagenfurt geborene österreichische Schriftstellerin Ingeborg Bachmann (1926-1973) ist eine der bedeutendsten deutschsprachigen Lyrikerinnen des 20. Jahrhunderts. Ein seit 1977 jährlich verliehener Literaturpreis ist nach ihr benannt. In Leiden ist sie mit dem Gedicht **Wahrlich** (1964) vertreten.

Sögel ist eine kleine Gemeinde im niedersächsischen Emsland, nicht weit von Meppen gelegen. Im Jahre 2012 begann in Sögel die Aktion **Mauergedichte**. Seither ist etwa ein Gedicht pro Jahr hinzugekommen und es finden sich mittlerweile 10 Gedichte an Gebäudefassaden der Gemeinde.

Initiiert hat das Mauergedichtprojekt Christine Bangert. Mit ihrem niederländischen Mann hat sie mehrere Jahre in Leiden gewohnt. Vom dortigen Muurgedichten-Projekt inspiriert, versuchte sie, etwas ähnliches in kleinerem Maßstab in Sögel zu verwirklichen.

Sögel ist auch sonst aktiv. In der Stadt gibt es in plattdeutsch beschriebene Guckkästen (siehe Bild), über die man etwas über wichtige Gebäude der Stadt erfährt. Zudem gibt es Kunstwerke in Verkehrskreiseln und Europa-Informationstafeln.

Unbekannter Autor, 12. Jahrhundert, Sigiltrastr. 9

Das zweite in Sögel angebrachte Gedicht zählt zu den berühmtesten deutschsprachigen Liebesgedichten, wobei umstritten ist, ob es sich überhaupt um ein Gedicht handelt. Es sind **die letzten Zeilen eines Liebesbriefes** eines unbekannten Autors, welcher Ende des 12. Jahrhunderts im damaligen Mittelhochdeutsch verfasst wurde.

Eduard Mörike, Mühlenstr. 15

Eduard Mörikes **Er ist's** gehört zu den berühmtesten deutschen Frühlingsgedichten. Der in Ludwigsburg geborene Biedermeierdichter Mörike (1804-1875) schrieb es im Jahre 1829. In Sögel ist es, grafisch etwas bieder gestaltet, an der Fassade eines Privathauses angebracht worden.

Hünfeld

Ende Juni 2022 reiste ich in die osthessische Kleinstadt Hünfeld, um am Kegelspielbahn-Radweg Tafeln im Rhöner Platt zu fotografieren. Bei der Ankunft gefiel mir der gut sanierte Bahnhof, bei dem sich alles um den Computer-Erfinder Konrad Zuse dreht, den es nach dem 2. Weltkrieg nach Hünfeld verschlagen hatte. An der Bahnhofsfassade fällt zudem der Schriftzug **wer den Raum fühlen will muss jeden festen Punkt aufgeben** auf. Was hat es damit auf sich? Hünfeld ist neben Zuse auch die Stadt des deutsch-polnischen Künstlers Jürgen Blum-Kwiatkowski (1930-2015). Dieser hat das Hünfeld Museum Modern Art gegründet und 1997 das Konkrete-Poesie-Projekt **Offenes Buch** in der Stadt initiiert. Zwischen 1999 und 2015 sind 125 Flächen in Hünfeld mit Texten der Konkreten Poesie beschriftet worden. Ein einzigartiges Projekt, welches deutschlandweit kaum bekannt ist. Das Zitat an der Bahn-hofsfassade (Bild unten) stammt von der in Kaiserslautern geborenen Raum-Poetin Ilse Garnier (1927-2020).

Timm Ulrichs (DE), Gartenstraße 23

Unweit vom Hünfelder Bahnhof in einem Hinterhof findet sich ein Gedicht des Künstlers und emeritierten Berliner Professors für Bildhauerei Timm Ulrichs (*1940). Das Palindrom-Wort **stets** ergibt sich stets, wenn man von außen nach innen radial liest.

Martin Steiner, Kreuzbergstr. 26

Das Gedicht von Martin Steiner (CH) besteht aus vier einfachen, aber eindrucksvollen Sätzen, Begriffen des Wahrnehmungsbereiches und davon abgeleiteten Verben. Der letzte Satz weicht wortspielerisch davon ein klein wenig ab, ein i wird hinzugefügt und die Aussage so positiver.

2. Gedichtwege

Gedichtwege

Ort	Thema	seit	Tafeln
Mönchengladbach	Park	1993	20
Karlsruhe	Wald	2000	13
Arnsberg	Jahreszeiten	2005	20
Edenkoben	Edenkoben, Natur	2007	20
Duisburg	Türk. Autoren	2008	10
Berg. Gladbach	Lokale Autoren	2011	6
Bottrop	wechselnd	2022	6

Gedichtpfad Karlsruhe,
Dr. Wald von **Helmut Dagenbach** (Förster, 1929-2013)

Mönchengladbach ist eine Fußball- aber keine Literaturstadt. Die unscheinbare, ehemalige Textilindustriestadt hat zwar nur wenige architektonische Höhepunkte, jedoch mehrere Schlösser und eine Reihe schöner Parks. Im **Schmölderpark** im Stadtteil Rheydt gibt es einen **Gedichtweg** mit einem Dutzend Tafeln mit natur- und parkbezogenen Gedichten verschiedener Lyriker. Darunter sind große Namen wie Goethe, Heine, Rilke, aber auch weniger bekannte Autoren. Die Idee für dieses Projekt entstand im Jahre 1993 in einem Gymnasium in Rheydt. Die Deutschlehrer Horst Dotto, Ulrich Elsen und Lothar Görner sammelten in einer Projektwoche mit Schülern Gedichte zum Thema Park. Von den mehr als 100 Texten wurden 20 dann von Hand auf Papptafeln aufgebracht und an Latten im Park aufgestellt. Dieses provisorische Projekt gefiel Besuchern und auch dem Gartenamt so gut, dass ein erster Gedichtweg erstellt wurde. 2019 wurden dann erneuerte, bunte Stelen aufgestellt. Leider kam es darauf immer wieder zu Vandalismus, die Acrylglas-Tafeln wurden immer wieder zerstört oder weggerissen. Als ich die Tafeln im Mai 2022 besuchte, waren alle jedoch in gutem Zustand.

Jan Wagner, Gedichttafel Schmölderpark

Jan Wagner ist ein 1971 in Hamburg geborener Schriftsteller und Lyriker. Sein Gedicht **giersch** beschreibt die Ausbreitung dieses Unkrauts und erschien 2014 im Gedichtband 'Regentonnenvariationen'.

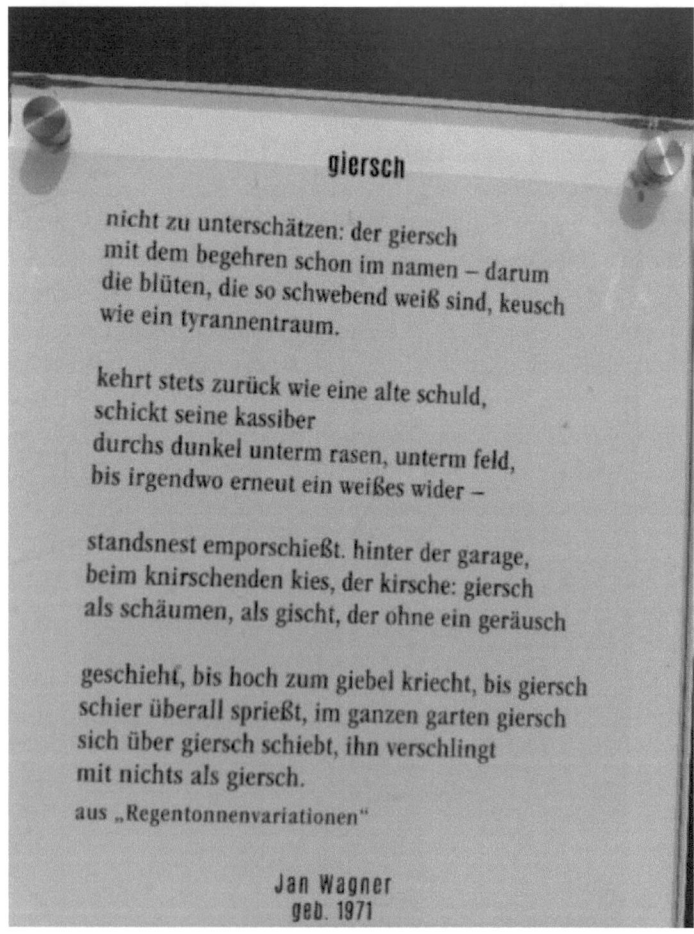

giersch

nicht zu unterschätzen: der giersch
mit dem begehren schon im namen – darum
die blüten, die so schwebend weiß sind, keusch
wie ein tyrannentraum.

kehrt stets zurück wie eine alte schuld,
schickt seine kassiber
durchs dunkel unterm rasen, unterm feld,
bis irgendwo erneut ein weißes wider –

standsnest emporschießt. hinter der garage,
beim knirschenden kies, der kirsche: giersch
als schäumen, als gischt, der ohne ein geräusch

geschieht, bis hoch zum giebel kriecht, bis giersch
schier überall sprießt, im ganzen garten giersch
sich über giersch schiebt, ihn verschlingt
mit nichts als giersch.

aus „Regentonnenvariationen"

Jan Wagner
geb. 1971

Günter Eich, Gedichttafel Schmölderpark

Der Hörspielautor und Lyriker Günter Eich (1907-1972) wurde in der brandenburgischen Kleinstadt Lebus geboren. Das Gedicht **Himbeerranken** wurde 1955 im Gedichtband 'Botschaft des Regens' erstmals veröffentlicht.

Himbeerranken

Der Wald hinter den Gedanken,
die Regentropfen an ihnen
und der Herbst, der sie vergilben lässt –

ach, Himbeerranken aussprechen,
dir Beeren ins Ohr flüstern,
die roten, die ins Moos fielen.

Dein Ohr versteht sie nicht,
mein Mund spricht sie nicht aus,
Worte halten ihren Verfall nicht auf.

Hand in Hand zwischen undenkbaren Gedanken.
Im Dickicht verliert sich die Spur.
Der Mond schlägt sein Auge auf,
gelb und für immer.

Günter Eich
1907 - 1972

Ingrid Herta Drewing, Gedichttafel Schmölderpark

Die Wiesbadenerin Ingrid Herta Drewing arbeitete lange als Lehrerin und ist bis heute als Lyrikerin tätig. Das Gedicht **Abendstimmung im Mai** publizierte sie im Jahre 2017.

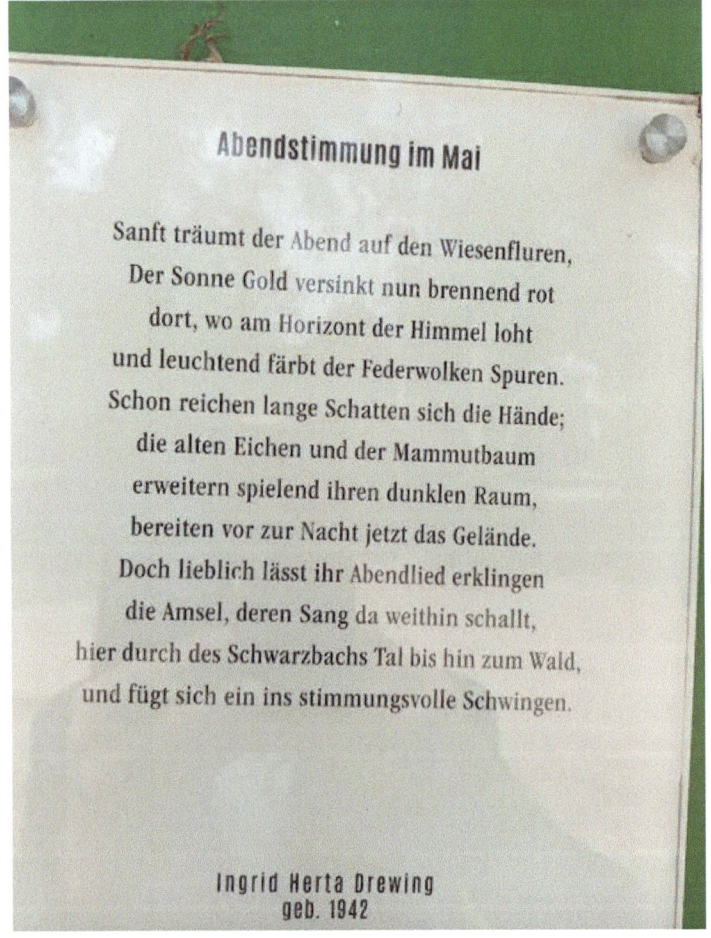

Abendstimmung im Mai

Sanft träumt der Abend auf den Wiesenfluren,
Der Sonne Gold versinkt nun brennend rot
dort, wo am Horizont der Himmel loht
und leuchtend färbt der Federwolken Spuren.
Schon reichen lange Schatten sich die Hände;
die alten Eichen und der Mammutbaum
erweitern spielend ihren dunklen Raum,
bereiten vor zur Nacht jetzt das Gelände.
Doch lieblich lässt ihr Abendlied erklingen
die Amsel, deren Sang da weithin schallt,
hier durch des Schwarzbachs Tal bis hin zum Wald,
und fügt sich ein ins stimmungsvolle Schwingen.

Ingrid Herta Drewing
geb. 1942

Joachim Ringelnatz, Gedichttafel Schmölderpark

Eigentlich wollte ich nur im Schmölderpark aufgestellte Gedichte weniger bekannter Autoren wiedergeben. Doch über das Ringelnatz-Gedicht **Im Park**, veröffentlicht 1927 in 'Reisebriefe eines Artisten -Gedichte', musste ich einfach schmunzeln.

Im Park

Ein ganz kleines Reh stand am ganz kleinen Baum
still und verklärt wie im Traum.
Das war des Nachts elf Uhr zwei.
Und dann kam ich um vier
Morgens wieder vorbei.
Und da träumte noch immer das Tier.
Nun schlich ich mich leise – ich atmete kaum –
gegen den Wind an den Baum,
und gab dem Reh einen ganz kleinen Stips.
Und da war es aus Gips.

Joachim Ringelnatz
1883 - 1934

Karlsruhe

Karlsruhe ist eine 'Residenz des Rechts' und eine Technologiestadt, aber eigentlich keine Dichterstadt. Kommt man am Hauptbahnhof an, findet sich jedoch in einem dunklen Winkel an den Gleisen (siehe Bild) eine Ansammlung seltsamer Aussagen. Es handelt sich dabei um ein Kunstwerk des Berliner Künstlerduos Matthias Wermke und Mischa Leinkauf, verwirklicht zum 300. Stadtgeburtstag im Jahre 2015.

Im bebauten Stadtgebiet selbst finden sich keine Gedichttafeln. Jedoch gibt es im Hardtwald nördlich des Schlosses (im Stadtteil Waldstadt) einen **Gedichtpfad**. Dessen Tafeln sind jedoch schwer zu finden, so dass ich an einem Frühlingsabend angesichts anbrechender Dunkelheit nach 3 Tafeln bereits aufgeben musste.

Joseph von Eichendorf, Gedichtpfad Waldstadt

Joseph von Eichendorff (1788-1857) schrieb das der Romantik-Epoche zugeordnete Gedicht **Abschied** im Jahre 1810. Die erste von vier Strophen ist auf einer Tafel im Gedichtpfad wieder-gegeben.

Hermann Hesse, Gedichtpfad Waldstadt

Von Hermann Hesse (1877-1962), in Calw unweit von Karlsruhe
geboren, ist am Gedichtpfad ein Auszug aus dem 1920 publizierten
Text **Bäume sind Heiligtümer** wiedergegeben.

Arnsberg

Der Förster Wolfram Blanke hatte die Idee, einen Poesie-Pfad im Mühlbachtal des Arnsberger Ortsteils Rumbeck einzurichten, um Dichtung und Wald bei einem Spaziergang miteinander zu verknüpfen. Er wandte sich deshalb an die Literarische Gesellschaft Arnsberg, um passende Gedichte zu finden. Mit Markus Meik, einem Lehrer am örtlichen Gymnasium, wählte man schließlich 20 Gedichte für die 2 km lange Wegstrecke aus. Mitarbeiter des Staatlichen Forstamtes Arnsberg gestalteten die Schilder. Ein Informationsschild mit den in eine Eichenbohle geschnitzten Worten **Poesie-Pfad**, wurde am Beginn des Pfades aufgestellt. Seit der Eröffnung 2005 werden mit jedem kalendarischen Wechsel der Jahreszeiten die Schilder ausgetauscht, so dass sich neue Besuche immer wieder lohnen. (www.poesiepfad.de).

Fred Endrikat, Poesie-Pfad Arnsberg-Rumbeck

Als ich den Arnsberger Gedichtpfad Mitte Juni 2022 besuchte, war dort noch kalendarisch Frühlingssaison und es waren Tafeln für Fred Endrikat (1890-1942) aufgestellt. Endrikat, Sohn eines Bergmanns, war auch selbst im Bergbau tätig. Er wurde im heutigen Polen geboren, wuchs aber in Wanne-Eickel auf und wird auch **Ringelnatz des Ruhrgebiets** genannt. Die humoristischen Texte des Schriftstellers, Dichters und Kabarettisten waren einst ziemlich erfolgreich. Mittlerweile weniger bekannt, wird immerhin sein Spruch 'Doof bleibt doof, da helfen keine Pillen' heute noch gebraucht.

Fred Endrikat, Poesie-Pfad Arnsberg-Rumbeck

Das Gedicht **Regeln mit Ausnahmen** wurde 1940 in der Sammlung 'Liederliches und Lyrisches' publiziert. Als ich daraus die Zeile 'nicht alles, was zwei Wangen hat, ist ein Gesicht', im Internet zitiere, kommt die Replik: muss das nicht 'Backen' heißen. In der Tat wäre Backen logischer, aber mit dichterischer Freiheit nutzt Endrikat das gehobenere Wort Wangen.

Regeln mit Ausnahmen

Nicht jeder ist ein Dichter, der Gedichte macht,
nicht jeder ist ein Narr, den man belacht.
Nicht jeder ist ein Streber, der sich irrt,
nicht jeder, der so gar nichts wird, wird Wirt.
Nicht alles ist Gewissen, was uns mahnt,
nicht jeder ist ein Lohengrin, dem etwas schwant.
Nicht jeder Armleuchter ist auch ein großes Licht,
nicht alles, was zwei Wangen hat, ist ein Gesicht.

Edenkoben

In Edenkoben gibt es ein Künstlerhaus, welches, vom Land Rheinland-Pfalz unterstützt, an Autoren und Dichter aus europäischen Ländern Stipendien vergibt, um hier arbeiten zu können. Das brachte den ehemaligen Leiter Ingo Wilhelm auf die Idee, für die in Edenkoben entstandenen Landschaftsgedichte einen **Weg der Gedichte** anzulegen. In den Jahren 2007 bis 2010 wurde dieser Weg errichtet, ausgehend von der Klosterstraße in der Nähe des Künstlerhauses und an den Weinreben dieses Weinanbaugebietes entlangführend. Passend dazu das erste Gedicht, vom französische Dichter Jaques Roubaud:

Auf den Rebstöcken

Angeordnet in vollkommenen Reihen
In den Strophen der Reben
Warten die Trauben darauf
In Wein übersetzt zu werden.

Wolfgang Hilbig, Weg der Gedichte Station 15

Der aus dem thüringischen Meuselwitz stammende Dichter Wolfgang Hilbig (1941-2007) verließ 1985 die DDR und zog 1989 nach Edenkoben, wo er bis 1994 blieb, um danach nach Berlin zu gehen. Im Jahre 2007 erlag er einem Krebsleiden. Am Weg der Gedichte ist das in seiner Edenkobener Zeit entstandene Gedicht **Bruchstücke im Sommer** zu lesen.

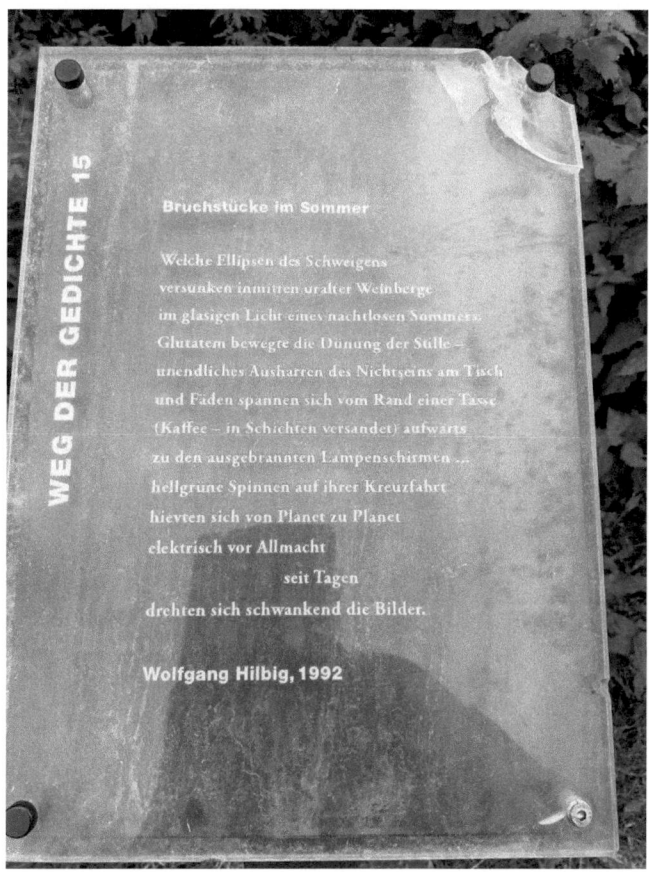

WEG DER GEDICHTE 15

Bruchstücke im Sommer

Welche Ellipsen des Schweigens
versanken inmitten uralter Weinberge
im glasigen Licht eines nachtlosen Sommers.
Glutatem bewegte die Dünung der Stille –
unendliches Ausharren des Nichtseins am Tisch
und Fäden spannen sich vom Rand einer Tasse
(Kaffee – in Schichten versandet) aufwärts
zu den ausgebrannten Lampenschirmen ...
hellgrüne Spinnen auf ihrer Kreuzfahrt
hievten sich von Planet zu Planet
elektrisch vor Allmacht
            seit Tagen
drehten sich schwankend die Bilder.

Wolfgang Hilbig, 1992

Annuka Peura, Weg der Gedichte Station 18

Annuka Peura (*1968, Turku) ist eine finnische Dichterin, welche sich im Jahre 2001 in Edenkoben aufgehalten hat und dort das Gedicht **Die Weide am Bach in Edenkoben** geschrieben hat.

Duisburg

Die Ruhrgebietsstadt Duisburg hat den größten Binnenhafen Europas und ist die größte Stahlstadt der EU. Die Arbeiterviertel im Norden der Stadt sind stark migrantisch geprägt, mit der größten Moschee Deutschlands und einer überregional bekannten Brautkleid-Straße. Vor allem Einwanderer aus der Türkei prägen das Bild. In Duisburg-Hamborn gibt es ein Dichterviertel, viele Straßen sind hier nach Dichtern benannt. In den Jahren 2008-2019 wurden in den Innenhöfen **zu Ehren türkischer Dichter*innen zehn Walnussbäume** gepflanzt. Jeder Baum wurde mit einer Tafel und einem Gedicht eines türkischen Dichters versehen. Leider sind ein paar Tafeln bereits verschwunden, andere mit Graffiti beschmiert. Etliche Gedichte lassen sich jedoch noch finden. Obwohl die Eröffnung jeder Tafel unter Begleitung der türkisch-kulturellen Gemeinde stattfand, scheint es nur wenige Bewohner oder Besucher zu geben, die den Gedichtpfad entlang gehen, um Gedichte zu lesen. Das war zumindest mein Eindruck bei einem Besuch im April 2022.

Yasar Kemal, Karree Lessingstr./Körnerstr.

Yasar Kemal war kurdischer Abstammung und gilt als einer der bedeutendsten zeitgenössischen Romanschriftsteller der Türkei. Auf der bei meinem Besuch von Graffiti überzogenen Tafel ist zu lesen:
Die Leser meiner Bücher sollen wissen,
denen, die eine Kultur zerstören,
ist ihre eigene Kultur und Menschlichkeit bereits entglitten.

Sabahattin Ali, Kleiststr. 49

Sabahattin Ali war ein türkischer Schriftsteller und Lehrer. Er wurde mehrmals verhaftet und starb 1948 beim Versuch, aus der Türkei nach Bulgarien zu flüchten.
Die Zeilen aus dem **Gefängnislied V** des Jahres 1933 machen Hoffnung, auch in Gefangenschaft:

Selbst wenn der Blick aufs Meer genommen wär',
Nimm es nicht schwer, mein Herz.

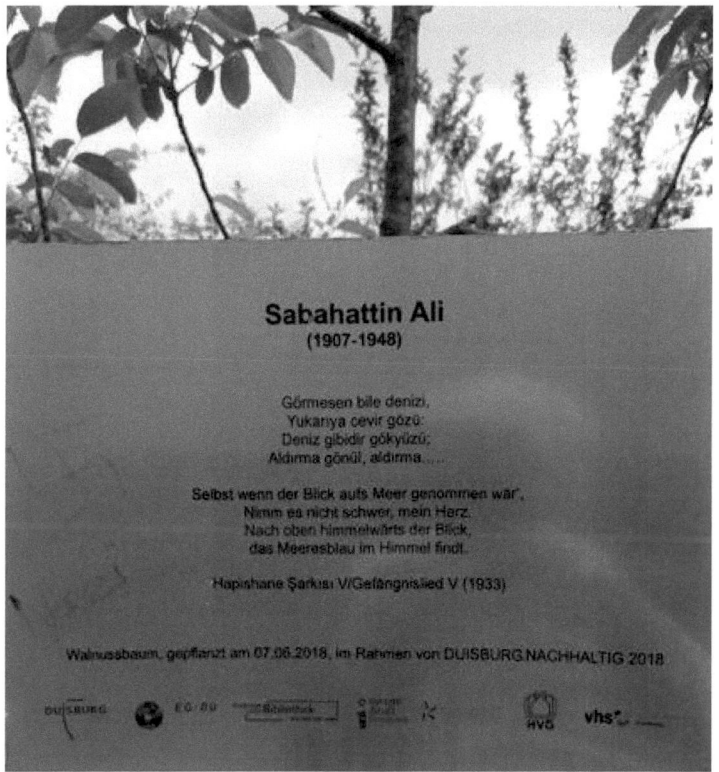

Bergisch Gladbach

In Bergisch Gladbach gibt es den Bach Strunde entlang, zwischen seiner Quelle und der Papiermühle Alte Dombach, einen Lyrikpfad mit 6 Lyrikstelen. Diese werden pro Jahr mit zwei Editionen bestückt. Mitglieder der Autorengruppe Wort & Kunst bearbeiten dabei vorgegebene Themen. Mit einer Publikumswanderung wird jede neue Edition eröffnet. Ende Mai 2022 war es die 17. Edition. Als ich im Juni 2022 den idyllischen Pfad entlang wanderte waren alle Gedichte mit Copyright belegt. Hier deshalb nur die ersten Zeilen des Gedichtes **trost** von Frank Mäuler:

> **orange geht die sonne auf**
> **über dunkelschwerer landschaft…**

Bottrop

Seit Januar 2022 hat der Bottroper Stadtteil Kirchenhellen einen eigenen Lyrikpfad. Im Bauerngarten des Hofes Jünger im Wellbrucksweg 4 wurde ein kompakter Pfad mit 6 Tafeln angelegt. Bald schon wurden die ersten Tafeln ausgetauscht, um an den 225. Geburtstag der Dichterin Annette Droste-Hülshoff (1797-1848) zu erinnern. Zurzeit sind 5 Hülshoff-Tafeln zu sehen und eine für Sarah Kirsch, die Hülshoff als Vorbild hatte. Ihr Gedicht hat den Titel **Der Droste würde ich gerne Wasser reichen**.

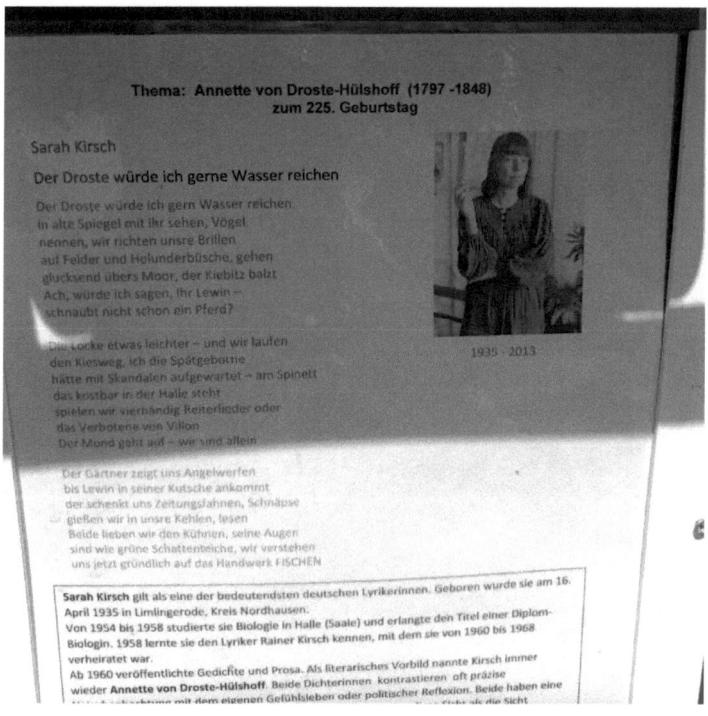

Thema: Annette von Droste-Hülshoff (1797 -1848)
zum 225. Geburtstag

Sarah Kirsch

Der Droste würde ich gerne Wasser reichen

Der Droste würde ich gern Wasser reichen.
In alte Spiegel mit ihr sehen, Vögel
nennen, wir richten unsre Brillen
auf Felder und Holunderbüsche, gehen
glucksend übers Moor, der Kiebitz balzt
Ach, würde ich sagen, Ihr Lewin –
schnaubt nicht schon ein Pferd?

Die Locke etwas leichter – und wir laufen
den Kiesweg, ich die Spätgeborne
hätte mit Skandalen aufgewartet – am Spinett
das knistbar in der Halle steht
spielen wir vierhändig Reiterlieder oder
das Verbotene von Villon
Der Mond geht auf – wir sind allein

Der Gärtner zeigt uns Angelwerfen
bis Lewin in seiner Kutsche ankommt
der schenkt uns Zeitungsfahnen, Schnäpse
gießen wir in unsre Kehlen, lesen
Beide heben wir den Kühnen, seine Augen
sind wie grüne Schattenteiche, wir verstehen
uns jetzt gründlich auf das Handwerk FISCHEN

1935 - 2013

Sarah Kirsch gilt als eine der bedeutendsten deutschen Lyrikerinnen. Geboren wurde sie am 16. April 1935 in Limlingerode, Kreis Nordhausen. Von 1954 bis 1958 studierte sie Biologie in Halle (Saale) und erlangte den Titel einer Diplom-Biologin. 1958 lernte sie den Lyriker Rainer Kirsch kennen, mit dem sie von 1960 bis 1968 verheiratet war. Ab 1960 veröffentlichte Gedichte und Prosa. Als literarisches Vorbild nannte Kirsch immer wieder **Annette von Droste-Hülshoff**. Beide Dichterinnen kontrastieren oft präzise [...] mit dem eigenen Gefühlsleben oder politischer Reflexion. Beide haben eine [...]

Annette von Droste-Hülshoff, Hof Jünger

Das auf der Tafel gezeigte Gedicht **An Levin Schücking** aus den 1830er Jahren stammt aus einem Brief Hülshoffs an den Sohn ihrer Freundin Katharine Schücking, mit welchem sie eine lange Freundschaft verband.

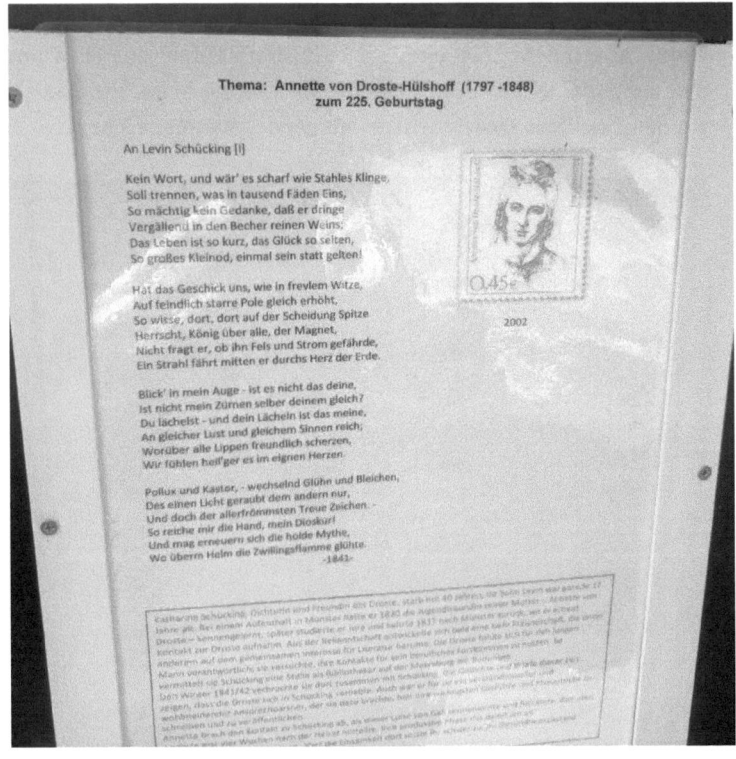

Annette von Droste-Hülshoff, Hof Jünger

Das Hülshoff-Gedicht **Die Taxuswand** wurde 1844 veröffentlicht. Taxus ist das lateinische Wort für die Eiben. In Europa gedeiht die Europäische Eibe (Taxus baccata). Die Blätter und die Nadeln der Eibe sind giftig.

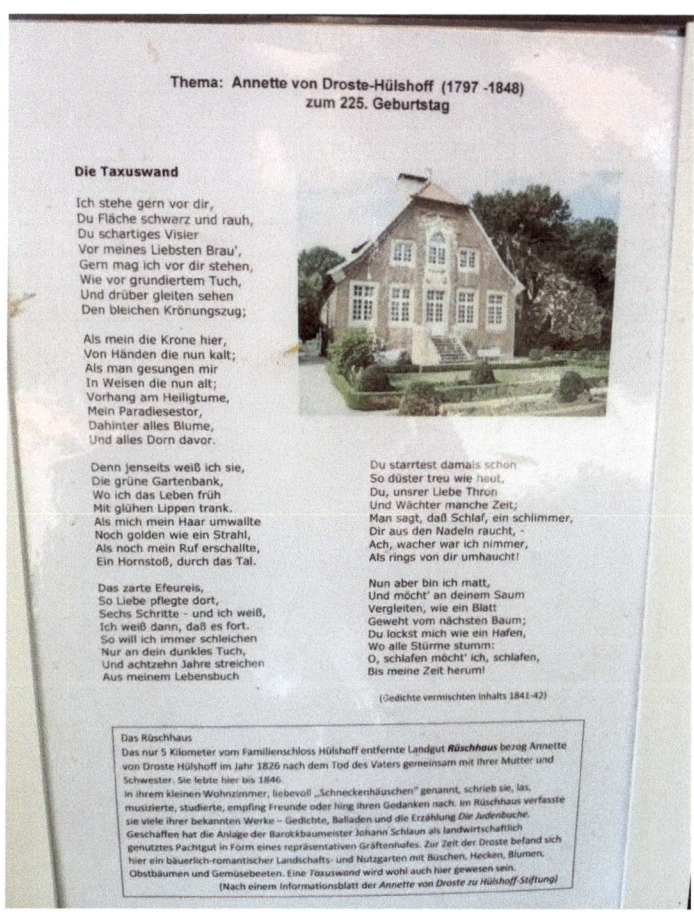

Thema: Annette von Droste-Hülshoff (1797 -1848)
zum 225. Geburtstag

Die Taxuswand

Ich stehe gern vor dir,
Du Fläche schwarz und rauh,
Du schartiges Visier
Vor meines Liebsten Brau',
Gern mag ich vor dir stehen,
Wie vor grundiertem Tuch,
Und drüber gleiten sehen
Den bleichen Krönungszug;

Als mein die Krone hier,
Von Händen die nun kalt;
Als man gesungen mir
In Weisen die nun alt;
Vorhang am Heiligtume,
Mein Paradiesestor,
Dahinter alles Blume,
Und alles Dorn davor.

Denn jenseits weiß ich sie,
Die grüne Gartenbank,
Wo ich das Leben früh
Mit glühen Lippen trank.
Als mich mein Haar umwallte
Noch golden wie ein Strahl,
Als noch mein Ruf erschallte,
Ein Hornstoß, durch das Tal.

Das zarte Efeureis,
So Liebe pflegte dort,
Sechs Schritte - und ich weiß,
Ich weiß dann, daß es fort.
So will ich immer schleichen
Nur an dein dunkles Tuch,
Und achtzehn Jahre streichen
Aus meinem Lebensbuch.

Du starrtest damals schon
So düster treu wie heut,
Du, unsrer Liebe Thron
Und Wächter manche Zeit;
Man sagt, daß Schlaf, ein schlimmer,
Dir aus den Nadeln raucht, -
Ach, wacher war ich nimmer,
Als rings von dir umhaucht!

Nun aber bin ich matt,
Und möcht' an deinem Saum
Vergleiten, wie ein Blatt
Gewebt vom nächsten Baum;
Du lockst mich wie ein Hafen,
Wo alle Stürme stumm:
O, schlafen möcht' ich, schlafen,
Bis meine Zeit herum!

(Gedichte vermischten Inhalts 1841-42)

Das Rüschhaus
Das nur 5 Kilometer vom Familienschloss Hülshoff entfernte Landgut *Rüschhaus* bezog Annette von Droste Hülshoff im Jahr 1826 nach dem Tod des Vaters gemeinsam mit ihrer Mutter und Schwester. Sie lebte hier bis 1846.
In ihrem kleinen Wohnzimmer, liebevoll „Schneckenhäuschen" genannt, schrieb sie, las, musizierte, studierte, empfing Freunde oder hing ihren Gedanken nach. Im Rüschhaus verfasste sie viele ihrer bekannten Werke – Gedichte, Balladen und die Erzählung *Die Judenbuche*.
Geschaffen hat die Anlage der Barockbaumeister Johann Schlaun als landwirtschaftlich genutztes Pachtgut in Form eines repräsentativen Gräftenhofes. Zur Zeit der Droste befand sich hier ein bäuerlich-romantischer Landschafts- und Nutzgarten mit Büschen, Hecken, Blumen, Obstbäumen und Gemüsebeeten. Eine *Taxuswand* wird wohl auch hier gewesen sein.
(Nach einem Informationsblatt der Annette von Droste zu Hülshoff-Stiftung)

3. Wege für einen Dichter

Manche Städte ehren ihre Dichter mit einer Sammlung von Gedichttafeln, oft auf Stelen angebracht und mit Gedichtsteinen, in die der Text gemeißelt wurde oder die Metalltafeln tragen. Beispiele sind die Gedichtstelen für Georg Trakl in Salzburg, die Joachim-Ringelnatz-Stelen im sächsischen Wurzen und der Friedrich-Rückert-Weg in Ebern.

Ort	Dichter	seit	Tafeln
Ebern	Friedrich Rückert	2020	9
Hamburg	Heinz Erhardt	2010	5
Much	Arnold Leifert	2004	12
Salzburg	Georg Trakl	1985	10
Welzheim	Justinus Kerner	2012	12 x2
Wurzen	Joachim Ringelnatz	2016	13

Friedrich Rückert (1788-1866) wurde in Schweinfurt in Unterfranken geboren, war im 19. Jahrhundert ein bedeutender Dichter und Übersetzer und sogar einer der Begründer der deutschen Orientalistik. Er beherrschte dutzende Sprachen und galt als Sprachgenie. Trotz dieser internationalen Orientierung blieb er die meiste Zeit seiner fränkischen Heimat treu. In verschiedenen fränkischen Orten gibt es heute Rückert-Gedenkstätten und Denkmäler. Von 1809-1821 war er oft in der oberfränkischen Kleinstadt Ebern, wo seine Eltern wohnten. Heute gibt es dort die Friedrich-Rückert-Anlage und seit 2020 in diesem Grünzug einen **Friedrich-Rückert-Rundgang** mit 9 Gedichttafeln, welche ich im Juni 2022 besuchte.

Friedrich Rückert, Friedrich-Rückert-Anlage

Rückerts Gedicht **der Mittelpunkt** kann man im Dritten Buch der Gesammelten Poetischen Werke, Kapitel **Liebesfrühling, Vierter Strauß, Entfremdet** auf S. 512 finden. Rückert verfasste das Gedicht wohl im Jahr 1812. Rückert war bei der Niederschrift in die 16jährige Amtsmanntochter Agnes Müller verliebt, die er im April 1812 kennengelernt hatte.

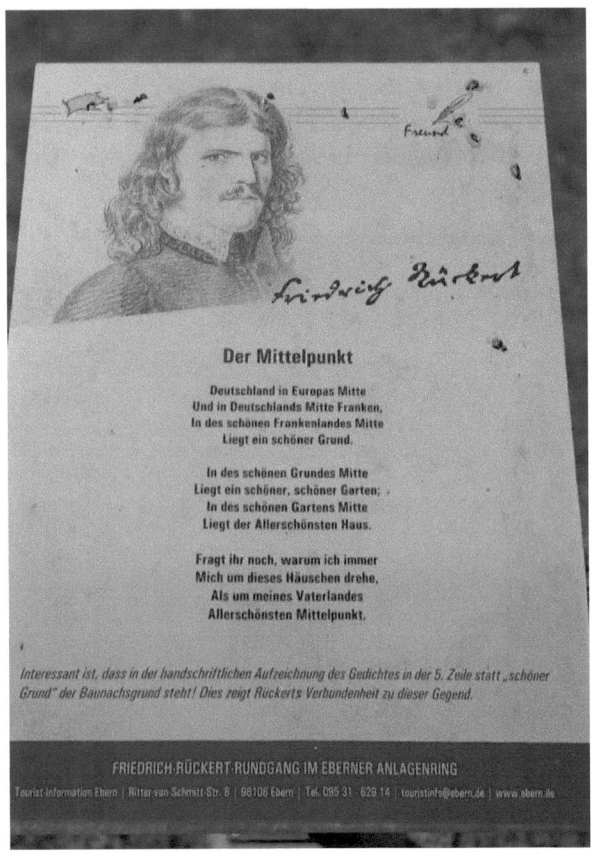

Friedrich Rückert, Friedrich-Rückert-Anlage

Nur wenige Monate nachdem Rückert Agnes Müller kennen- und lieben gelernt hatte, verstarb diese im Juni 1812 tragisch an einem Blutsturz. Als Rückert nach Jahren wieder nach Ebern kommt, verarbeitet er seinen Erinnerungsschmerz an den Verlust der Geliebten unter anderem im unten gezeigten Gedicht **Nach vier Jahren in der Fremde.**

Hamburg-Wellingsbüttel

Angesichts des hundertsten Geburtstages des in Riga geborenen Dichters, Schauspielers und Entertainers Heinz Erhardt (1909-1979) wurde 2009 in Hamburg-Wellingsbüttel, einem Stadtteil in welchem Erhardt mehrere Jahrzehnte wohnte, ihm zu Ehren ein Hain benannt. Ein Jahr später wurden im Heinz-Erhardt-Park 5 Tafeln mit Gedichten von ihm aufgestellt, darunter **Warum die Zitronen sauer wurden** aus den 1960er Jahren.

Heinz Erhardt, Heinz Erhardt Park Wellingsbüttel

Auf einer der fünf Erhardt-Gedichtstelen im Heinz-Erhardt-Park in Hamburg-Wellingsbüttel sind gleich drei recht kurze Gedichte zu lesen, welche in den 1960er Jahren entstanden sind. Passend zur Überschrift **Noch ´n Gedicht** ist es eines und noch eines und noch eines.

Much

Der in Soest geborene Schriftsteller und Übersetzer Arnold Leifert (1940-2012) lebte ab 1974 auf einem Bauernhof im Dorf Much bei Siegburg. In Siegburg selbst leitete ab 1981 eine literarische Werkstatt. Nachdem in der Gemeinde Much 2003 die Idee aufkam, einen der Wanderwege um die Stadt mit Gedichttafeln zu versehen, arbeitete Leifert daran, das Projekt schnell zu realisieren und bis Sommer 2004 stellte er eigenhändig 12 Tafeln mit jeweils einem seiner Gedichte auf. Im Juni 2022 besuchte ich den idyllischen **Mucher Lyrik-Weg** (www.lyrikweg.de), der durch Wald und Wiesen führt. Die schwarzen, vom Siegburger Grafiker Schütte entwickelten, Tafeln mit den transparenten Textflächen wirken poetisch passend. Wenn man auf die Gedichte schaut, sieht man immer auch die Landschaft und Vegetation dahinter.

Arnold Leifert, Lyrikweg Much

Als ich mir die Tafel mit dem Gedicht **Forsythien** im Juni 2022 anschaute, war dahinter üppiges Grün zu sehen. Ob hier Mitte März das Gelb der Forsythien heraussticht? Ich vermute, das Gedicht ist Anfang der 2000er Jahre entstanden und im Band 'Brennessel-reservate' (2003) erschienen, es kann jedoch auch älter sein.

Arnold Leifert, Lyrikweg Much

Bei strahlendem Sommerwetter wanderte ich Ende Juni 2022 den Mucher Lyrikweg entlang und fand ein Leifert-Gedicht über den **Herbst,** aber auch ein bisschen über den Sommer (vermutlich Anfang der 2000er Jahre entstanden).

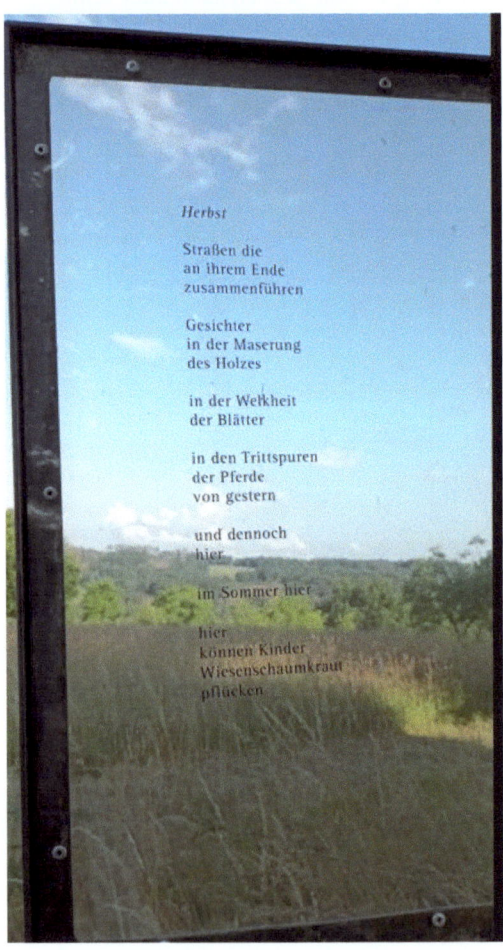

Herbst

Straßen die
an ihrem Ende
zusammenführen

Gesichter
in der Maserung
des Holzes

in der Welkheit
der Blätter

in den Trittspuren
der Pferde
von gestern

und dennoch
hier

im Sommer hier

hier
können Kinder
Wiesenschaumkraut
pflücken

Salzburg

Der früh verstorbene **Georg Trakl** (1887-1914) ist der bekannteste aus Salzburg stammende Dichter Seit 1985 wurden in der Stadt **10 Tafeln mit Trakl-Gedichten** an Orten mit Bezug zu den jeweiligen Gedichten aufgestellt. Unter der Eisenbahnbrücke über die Salzach steht in der Nähe des Heizkraftwerkes eine Gedichttafel mit Trakls 1912 veröffentlichtem Gedicht **Vorstadt im Föhn**, welches sich auf dieses Stadtviertel bezieht.

Der in Ludwigsburg geborene schwäbische Mediziner und Dichter Justinus Kerner (1786-1862) war von 1812 bis 1815 als Unteramtsarzt im württembergischen Welzheim tätig. Im Jahre 2012 feierte man den 100. Geburtstag des Stadtparks Welzheim und wollte das mit '200 Jahre Kerner in Welzheim' kombinieren. Also wurde im Stadtpark ein kompakter, 200 m langer Poetenpfad angelegt, mit 12 japanisch wirkenden, auffallend roten Torbögen, an denen jeweils ein Kerner-Gedicht, sowie das eines anderen Dichters zur selben Thematik angebracht ist. Auf der Rückseite beide Gedichte zusätzlich in Blindenschrift. Diese Kombination habe ich bisher sonst nirgendwo gesehen.

Dauer des Herzens aus der Sammlung 'Die lyrischen Gedichte' (Erstdruck 1826).

Dauer des Herzens

Ein Saumtier träget still
Und sanft die Zentnerlast,
Wohin der Treiber will,
Begehrend keine Rast.

Ein Wagen rollt daher,
Die Schildkröt' ihm nicht weicht,
Und wär' er noch so schwer,
Trägt seine Last sie leicht.

Doch all' die Last ist Scherz,
Bedenkst du das Gewicht,
Das oft ein Menschenherz
Still träget und nicht bricht.

Justinus Kerner

Justinus Kerner und **Wolf Wondratschek**, Welzheim
Stadtpark

Kerner hat das Gedicht **die Lilie** im Band **Die lyrischen Gedichte**
veröffentlicht, welcher erstmal 1826 gedruckt und später laufend
erweitert wurde. Wolf Wondratschek (*1943) hat das lakonische
Gedicht **Liebe** im Band 'Lied von der Liebe' 2008 veröffentlicht.

Julius Kerner und **Ludwig Fels**, Welzheim Stadtpark

Julius Kerner hat sein Gedicht **Sehnsucht nach der Waldgegend** 1842 veröffentlicht. Vielleicht dachte er dabei an seine Zeit als Unteramtsarzt in Welzheim, welches vom Schwäbischen Wald umgeben ist. Der in Treuchtlingen geborene Schriftsteller Ludwig Fels (1946-2021) hat sein lakonisches Gedicht **Natur** 1975 geschrieben. Es fällt in eine Zeit als sich durch die Ölkrise das Umweltbewusstsein stärker entwickelte.

Wurzen

Der Schriftsteller und Kabarettist Joachim Ringelnatz (1883-1934) wurde als Hans Gustav Böttcher im sächsischen Wurzen geboren. Bekannt ist er noch heute für seine humoristischen, teilweise skurrilen Gedichte. Das seit mehreren Jahren leerstehende Geburtshaus (Crostigall 14) in Wurzen wird zurzeit saniert und soll bis Ende 2022 als Gedenk- und Begegnungsstätte für Besucher zugänglich gemacht werden.

Ringelnatz-Geburtshaus in Wurzen

Joachim Ringelnatz, Am Markt

In Wurzen stehen entlang des **Ringelnatz-Pfades** 13 Ringelnatz-Gedichtstelen.
Die von Ute Hartwick-Schulz gestaltete Stele am Markt, zeigt den Text des **Nagel**-Gedichtes von Ringelnatz.

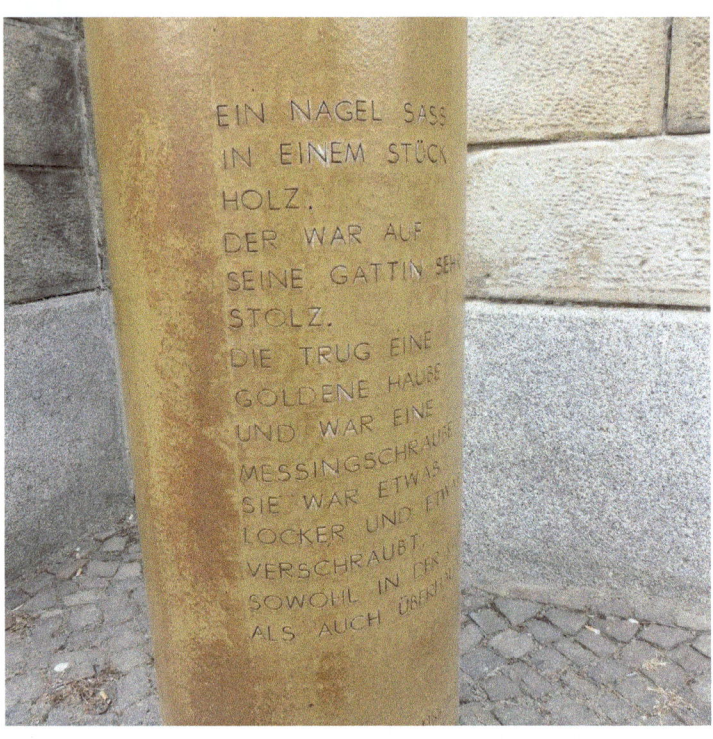

4. Verschiedene Gedichte in Städten

Kleinere Städte und ländliche Orte weisen oft Gedichtwege in Wäldern und Parks auf. Gedichte im Stadtzentrum sind, mit Ausnahmen, eher größeren Städten vorbehalten, wo oft verschiedene Schriftsteller biographische Spuren hinterlassen haben. Millionenstädte sowie Universitätsstädte haben zudem oft eine Gedenktafeltradition, auch wenn manche Dichter nicht lange in solchen Städten waren, sind meist dennoch Tafeln zu finden, seltener jedoch auch Tafeln, auf welchen Gedichte zu lesen sind.

Berlin ist vielleicht die deutsche Großstadt mit den meisten Fassaden-Gedichttafeln. An zweiter Stelle steht wohl Bremen, Stadt der Skulpturen und Tafeln. Einige Gedichte gibt es auch im öffentlichen Raum von Hamburg und Frankfurt zu lesen. Eher wenige finden sich dagegen in München, Dortmund, Stuttgart und Nürnberg. Daneben gibt es, wie erwähnt, durch die Konkrete Poesie Aktion **Offenes Buch**, sehr viele Fassaden-Gedichte in der osthessischen Kleinstadt Hünfeld.

Inschrift auf dem Heinrich-Heine-Grab in Paris-Montparnasse

Berlin gilt nicht unbedingt als Dichterstadt. Und doch haben etliche Dichter ihre Spuren in Berlin hinterlassen. Goethe war nie in Berlin, aber Schiller besuchte die Stadt. Auch Kafka, Benn und Brecht hielten sich hier auf.

Seit Eugen Gomringer (*1925) den Poetik-Preis der Alice-Salomon-Hochschule im Jahr 2011 gewann prangte an der Hochschul-Fassade in Hellersdorf das 1951 verfasste Gomringer Gedicht **Ciudad (Avenidas)**. Doch 2016 beschwerte sich die Asta der Hochschule darüber. Da Blumen, Frauen und Bewunderer vorkamen, wurde es als sexistisch empfunden. Aus Protest gegen die Entfernung des Gedichtes von der Fassade der Hochschule installierte Anfang 2019 die Wohnungsgenossenschaft Grüne Mitte es auf Deutsch (siehe unten) und Spanisch, nachts sogar beleuchtet, an der Fassade eines Hellersdorfer Wohnblocks Gothaer Ecke Kyritzer Straße.

Barbara Köhler, Alice Solomon Platz 5 (Hellersdorf)

2017 gewann Barbara Köhler (1959-2021) den Alice-Salomon-Poetikpreis. Angesichts der hitzigen Diskussionen um das Gomringer-Gedicht schlug sie vor, es durch eines ihrer eigenen Gedichte zu ersetzen. Ihr Gedicht greift sogar Elemente des Gomringer-Gedichtes auf (Bewundern, bon dia). Bis heute ist es an der Fassade der Hochschule zu sehen, auch von der U-Bahnstation Hellersdorf aus. Alle 5 Jahre soll ein neues Gedicht die Wand zieren. Die in Sachsen geborene Lyrikerin und Übersetzerin Barbara Köhler selbst verstarb bereits im Januar 2021.

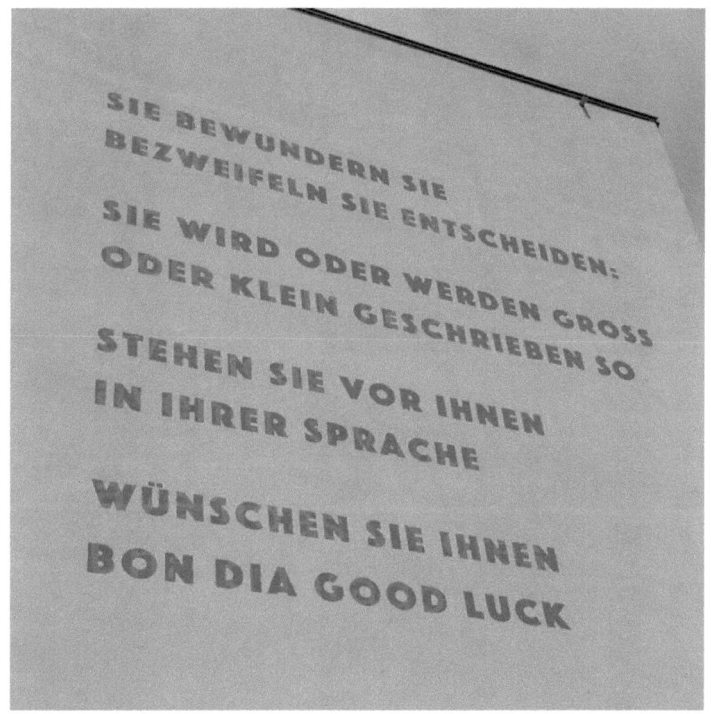

Gottfried Benn, Kreuzberg, Mehringdamm 38

Am Haus in Kreuzberg, in welchem sich 1917-35 die Arztpraxis von Gottfried Benn (1886-1956) befand, finden sich auf einer Tafel die Zeilen des im Jahr 1925 entstandenen Gedichtes **Der Sänger.**

Bertolt Brecht, Gedichttafel, Karlsplatz

Am Karlsplatz im Zentrum von Berlin steht an einer Pappel das 1950 entstandene Brecht-Gedicht **Die Pappel vom Karlsplatz.** Im kalten Nachkriegswinter 1946/47 wurden in Berlin viele Bäume gefällt, auch die Pappel am Karlsplatz. Doch die Pappel schlug 1947 wieder aus und davon wurden 1979 am Karlsplatz neue Setzlinge gepflanzt und davon wieder im Frühjahr 2002 neue Ableger. Darüber informiert seit Mai 2002 eine kleine Zusatztafel.

Franz Kafka, Gedenktafel, Steglitz, Grunewaldstraße 13

Kafka meinte, Prag lässt nicht los. Dieses Mütterchen hat Krallen. Doch vom Spätsommer 1923 bis Anfang 1924 entkam er nach Berlin und lebte in einem Haus in Steglitz. Dort ist seit 1954 die unten abgebildete Gedenktafel angebracht.

Die Guten gehen im gleichen Schritt
Ohne von ihnen zu wissen
tanzen die anderen um sie die Tänze der Zeit.

Christian Morgenstern, Birkenwerder bei Berlin, Bahnhof

Christian Morgenstern (1871-1914) wurde in München geboren, zog aber nach einer Zwischenstation in Breslau 1894 nach Berlin. Aufgrund einer Tuberkuloseerkrankung gab es Kuraufenthalte in Davos und 1905 auch im Berliner Vorort Birkenwerder. Der dortige Bahnhof hatte ihn zum Gedicht **Das Huhn** inspiriert. Dieses wurde schließlich im Dezember 2020 in der Bahnhofshalle aufgehängt.

Bremen ist keine Literatenstadt, Goethe und Schiller waren hier nie. Dennoch findet man in der Stadt eine größere Zahl von Gedichttafeln als etwa in München oder Hamburg. Bremen ist nicht nur voller Skulpturen, die Stadt ist auch reich an Gedenktafeln und an Fassadenschriften. Darunter sind auch etliche Gedichte. Im touristischen Schnoor-Viertel gibt es sogar eine Gedichtzeile im norddeutschen Platt. Ringelnatz schrieb in seinem Gedicht Bremen (1927) über die Stadt

> **Hier gelt ich nix, und würde gern was gelten,**
> **denn diese Stadt ist echt, und echt ist selten.**
> **Reich ist die Stadt. Und schön ist ihre Haut.**

Friedrich Schiller, Haus der Wissenschaft, Sandstraße 4/5

An der Fassade des Hauses der Wissenschaft in der Altstadt Bremens sind zwei Zitate zu lesen. Zum einen die ersten Zeilen des Geburtstagsgedichtes von Friedrich Schiller (1759-1805), welches so endet.

'…musst ins Breite dich entfalten,
soll sich deine Welt gestalten,
in die Tiefe musst du steigen,
soll sich dir das Wesen zeigen,
nur Beharrung führt zum Ziel,
nur die Fülle führt zur Klarheit,
und im Abgrund wohnt die Wahrheit.'

Daneben ein Zitat des Schweizer Philosophen Johan Caspar Lavater (1741-1801): **Wer nicht vorwärts strebt, dem ist es nicht ernst um sich selbst.**

Wilhelm Busch, Schnoor 31

Bremen ist eine Stadt der Skulpturen. Im Schnoor-Viertel findet sich die vom Bildhauer Peter Lehmann geschaffene Skulptur **Fipps der Affe**, darunter die Zeilen des gleichnamigen 1879 publizierten Gedichtes von Wilhelm Busch (1832-1908).

Heinrich Heine, Bürgerpark

Heinrich Heine (1797-1856) hielt sich nur zweimal kurz in Bremen auf. Die Hansestadt ist ihm dennoch verbunden. In den Wallanlagen steht ein Heine-Denkmal und im Bürgerpark gibt es eine Heine-Sitzbank. Die im Jugendstil gehaltene Bank, die etliche Beschädigungen durch Vandalismus und Kriegszerstörungen erlitt, zeigt ein Heine Bildnis von Ernst Benedikt Kiez und ist von zwei Schrifttafeln eingerahmt, welche den Text des Gedichtes **Ich hatte einst ein schönes Vaterland** aus dem Jahre 1832 wiedergeben. Die rechte Tafel ist unten abgebildet. Die linke Tafel gibt den Anfang wieder:

Ich hatte einst ein Vaterland.
Der Eichenbaum wuchs dort so hoch, die Veilchen nickten sanft- es war ein Traum.

Dresden

Mit Dresden verbindet man hauptsächlich den Schriftsteller Erich Kästner. Doch mit dem jung verstorbenen Theodor Körner kommt ein weiterer Schriftsteller aus der Stadt. Und auch der in Greifswald geborene Maler Caspar David Friedrich hat in der Stadt poetische Spuren hinterlassen.

Erich Kästner-Denkmal, Neustadt, Albertplatz

Der Schriftsteller Erich Kästner wurde 1899 in Dresden geboren und starb 1974 in München. In der Dresdner Neustadt ist ein Bronzedenkmal für ihn aufgestellt. Ein Stapel Bücher wird gezeigt und ein aufgeschlagenes Buch, worin das Kästner-Zitat zu lesen ist:

Moral: Es gibt nichts Gutes, außer: Man tut es.

In Düsseldorf wurde im Dezember 1797 **Heinrich Heine** geboren. Hier gibt es ein Heinrich-Heine-Institut, welches an der Fassade wechselnde Auszüge von Heine-Werken zeigt. In der von Geld und Wohlstand geprägten ehemaligen Bankenstadt zeigt eine Sparkassenfassade in der Innenstadt in der Schneider-Wibbel-Gasse einen **Geldscheißer** und ein entsprechendes Gedicht dazu.

Heinrich Heine, Bilker Straße 12-14

Die Fenster des Heinrich-Heine-Instituts in Düsseldorf sind mit weißen Stoffbahnen verhängt, welche im Wechsel verschiedene Heine-Gedichte zeigen. Als ich im Mai 2022 dort war, konnte man die ersten vier Zeilen aus **Die Loreley** (1823) lesen.

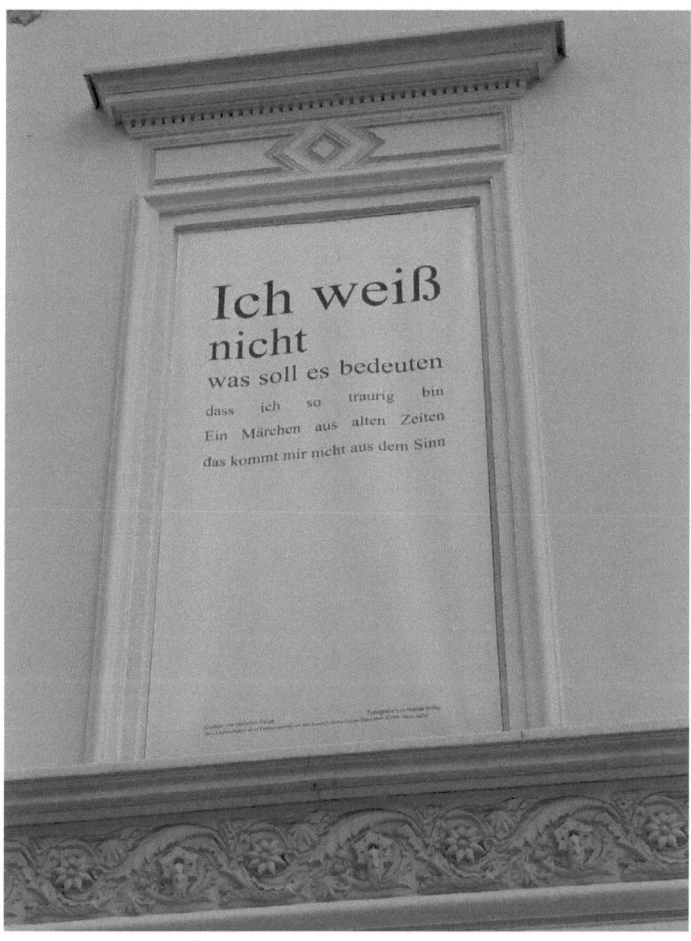

Feldkirch

Als österreichische Grenzstation zur Schweiz erwies sich Feldkirch historisch als Schicksalsbahnhof. Als die Machtergreifung der Nationalsozialisten seine Arbeit immer mehr erschwerte, ging der aus Rheinhessen stammenden Schriftsteller Carl Zuckmayer (1896-1977) 1933 nach Österreich. Doch nach dem Anschluss Österreichs am 13. März 1938, musste er wieder flüchten. Am 15. März gelang ihm gerade noch die Ausreise mit dem Zug in die Schweiz. Seine bangen Momente im Grenzbahnhof Feldkirch sind auf der Mauer des Bahnhofs dokumentiert: **Als der Zug langsam in Feldkirch einfuhr und man die grellen Kegel der Scheinwerfer sah, hatte ich wenig Hoffnung.** In der Bahnhofshalle ein Zitat von James Joyce (1882-1941): 'Dort drüben auf den Schienen wurde 1915 das Schicksal des Ulysses entscheiden'. Denn beinahe wäre Joyce, es war ein Weltkriegsjahr, im Bahnhof verhaftet worden.

Frankfurt

Obwohl Goethe in Frankfurt geboren wurde, ist Goethe mit Gedichttafeln in der Stadt eher wenig präsent. Weder am Goethe-Denkmal noch am Goethehaus findet sich eine solche. Bei einer Wanderung durch einen kleinen Park am östlichen Südufer des Mains, stieß ich jedoch durch Zufall auf eine Gedichttafel. Unweit einer Gruppe von Ginkgo-Bäumen eine Tafel mit Goethes Ginkgo-Gedicht. Ansonsten trifft man in der Stadt auf mehrere Stoltze-Gedichte und am Grab des Verlegers Unseld fand ich ein längeres Hesse-Gedicht.

Goethe-Gedicht, Park an der Gerbermühle am Main

Leider war die Lesbarkeit der Goethe-Gedichttafel während meines Besuches im Juni 2022 durch ein Graffito beeinträchtigt.

Ginkgo Bilboa

Dieses Baums Blatt, der von Osten
Meinem Garten anvertraut,
Gibt geheimen Sinn zu kosten,
Wie´s den Wissenden erbaut.

Ist es ein lebendig Wesen,
Das sich in sich selbst getrennt?
Sind es zwei, die sich erlesen,
Daß man sie als eines kennt?

Solche Fragen zu erwidern
Fand ich wohl den rechten Sinn:
Fühlst du nicht an meinen Liedern,
Daß ich eins und doppelt bin.

Hermann Hesse, Unseld-Grab, Hauptfriedhof

Der Suhrkamp Verleger Siegfried Unseld (1924-2002) hatte 1951 mit einer Doktorarbeit über Hermann Hesse promoviert. Es ergab sich dadurch ein enger Kontakt zu Hesse, dessen Bücher im Suhrkamp Verlag publiziert und auch ziemlich gepuscht wurden. Hesse scheint Unseld auch die spätere Nutzung eines Gedichtes für einen Grabstein erlaubt zu haben. Und so findet sich auf Unselds mächtigem Grabstein, der an ein aufgeschlagenes Buch erinnert, Hesses Gedicht **'Stufen'** aus dem Jahre 1941.

Hamburg

Hamburg hat nicht unbedingt den Ruf, eine Literaturstadt zu sein. Goethe und Schiller kamen nie bis Hamburg. Dennoch gibt es hier einiges an Gedichten zu lesen. Zum einen wurde Wolfgang Borchert in Hamburg geboren. Dann hat das Ameisengedicht von Joachim Ringelnatz einen Hamburg-Altona-Bezug und ein entsprechendes Denkmal bekommen. Der Dichter und Entertainer Heinz Erhardt lebte mehrere Jahrzehnte in Hamburg und es gibt im Stadtteil Wellingsbüttel einen Erhardt-Park mit Gedichttafeln.

Wolfgang Borchert (1921-1946) ist Hamburgs wichtigster Dichter. In seinem kurzen, durch Krieg und Krankheit geprägtem Leben, hinterließ Borchert doch ein gewichtiges, literarisches Werk. Seit 1996 steht in Hamburg vor dem Literaturhaus ein vom Künstler Timm Ulrichs gestaltetes **Bronze-Borchert-Denkmal**.

Wolfgang Borchert, Denkmal, Schwanenwik 32

Joachim Ringelnatz, Ameisen-Denkmal, Elbchaussee

Die Ameisen
In Hamburg lebten zwei Ameisen,
die wollten nach Australien reisen.
Bei Altona auf der Chaussee
da taten ihnen die Beine weh,
und da verzichteten sie weise
dann auf den letzten Teil der Reise.

(Joachim Ringelnatz, 1912)

2014, zum 80. Todestag des Dichters Joachim Ringelnatz (1883-1934), wurde auf der Hamburger Elbchaussee eine Säule mit dem **Ringelnatz Gedicht und zwei Ameisen aufgestellt**. Doch fast jedes Jahr wurden die Metall-Ameisen entwendet und mussten neu aufgestellt werden. Als ich im April 2022 in Hamburg war, waren die Ameisen schon wieder weg, allerdings wohl nicht in Australien.

Hermann Claudius, U-Bahn Jungfernstieg

Der norddeutsche Dichter Hermann Claudius (1878-1980) war ein
Urenkel des Dichters und Journalisten Matthias Claudius (1740-
1815). Bei Bauarbeiten für die Hamburger U-Bahn waren in den
1930er Jahren alte Eichenpfähle eines Stauwehrs aus dem Jahre
1250 freigelegt worden. In einen der Eichenpfähle wurde vom
Bildhauer Richard Luksch eine Gruppe von sieben Jungfern
geschnitzt und auf dem U-Bahnsteig aufgestellt. Im Jahre 1950
schrieb Claudius einen Vers (Hochdeutsch und Platt) für diesen
Pfahl, der an einer **Tafel in der U-Bahnstation** zu lesen ist.

De Jahrhunnert de sünd söben
Jungfern sünd de sülwen blewen.
Und ick ole Ekenpahl
stah hier op dat sülwe Mal.
Hermann Claudius

Die Jahrhundert die sind sieben
Jungfern sind die selben geblieben.
Und ich alter Eichenpfahl
steh hier an dem selben Mal.
Hermann Claudius

Hannover

Hannover gilt lange als die deutsche Stadt, in der das reinste Hochdeutsch gesprochen wird. Mittlerweile hat sich ein recht klares Hochdeutsch jedoch in vielen Großstädten und republikweit durchgesetzt, so dass dieses Alleinstellungsmerkmal fast verloren gegangen ist. Der zweite originelle Beitrag ist der hannoversche Genitiv, wie der Text auf dem **Ernst-August Reiterdenkmal** vor dem Bahnhof interpretiert werden könnte. Ein weiterer wichtiger Beitrag Hannovers ist durch Kurt Schwitters der Dada-Surrealismus.

Kurt Schwitters, Gedenktafel Rumannstraße

An Anna Blume ist ein Merzgedicht, welches der surrealistisch-dadaistische Dichter und Künstler Kurt Schwitters (1887-1948) im Jahre 1919 in verschiedenen Versionen verfasst hat.

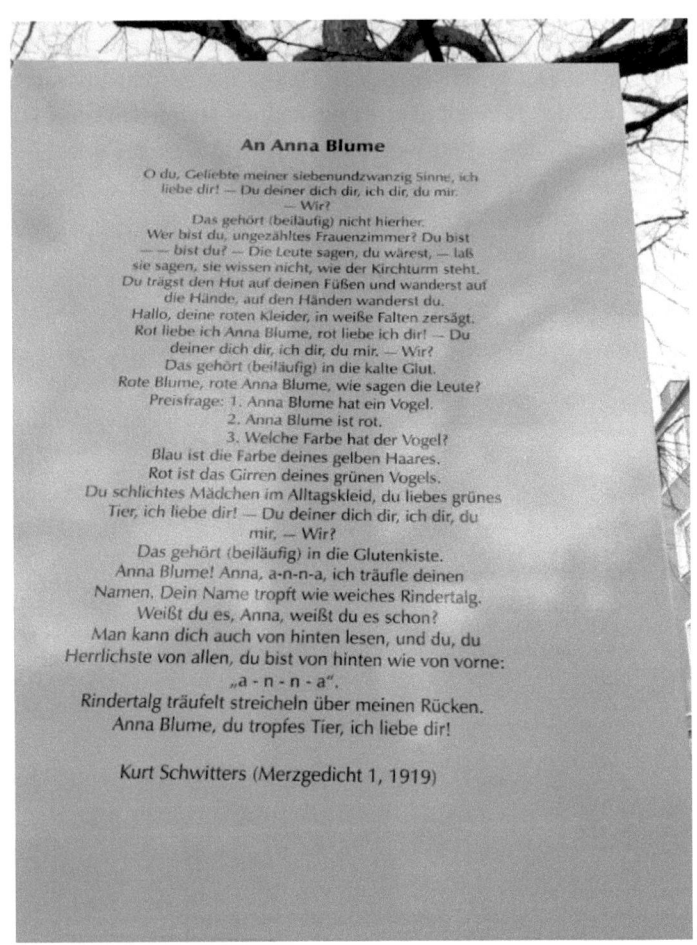

An Anna Blume

O du, Geliebte meiner siebenundzwanzig Sinne, ich
liebe dir! — Du deiner dich dir, ich dir, du mir.
— Wir?
Das gehört (beiläufig) nicht hierher.
Wer bist du, ungezähltes Frauenzimmer? Du bist
— — bist du? — Die Leute sagen, du wärest, — laß
sie sagen, sie wissen nicht, wie der Kirchturm steht.
Du trägst den Hut auf deinen Füßen und wanderst auf
die Hände, auf den Händen wanderst du.
Hallo, deine roten Kleider, in weiße Falten zersägt.
Rot liebe ich Anna Blume, rot liebe ich dir! — Du
deiner dich dir, ich dir, du mir. — Wir?
Das gehört (beiläufig) in die kalte Glut.
Rote Blume, rote Anna Blume, wie sagen die Leute?
Preisfrage: 1. Anna Blume hat ein Vogel.
2. Anna Blume ist rot.
3. Welche Farbe hat der Vogel?
Blau ist die Farbe deines gelben Haares.
Rot ist das Girren deines grünen Vogels.
Du schlichtes Mädchen im Alltagskleid, du liebes grünes
Tier, ich liebe dir! — Du deiner dich dir, ich dir, du
mir, — Wir?
Das gehört (beiläufig) in die Glutenkiste.
Anna Blume! Anna, a-n-n-a, ich träufle deinen
Namen. Dein Name tropft wie weiches Rindertalg.
Weißt du es, Anna, weißt du es schon?
Man kann dich auch von hinten lesen, und du, du
Herrlichste von allen, du bist von hinten wie von vorne:
„a - n - n - a“.
Rindertalg träufelt streicheln über meinen Rücken.
Anna Blume, du tropfes Tier, ich liebe dir!

Kurt Schwitters (Merzgedicht 1, 1919)

Arno Schmidt, Eschede bei Hannover, Bahnhof

In Eschede findet sich am Bahnhof die Zahl 37, einst Abfahrtszeit der Züge nach Hannover. Auf den Metallzahlen ist ein Zitat Arno Schmidts zu lesen, **'Und was heißt schon New York, Großstadt ist Großstadt, ich war oft genug in Hannover'**. Arno Schmidt lebte im benachbarten Bargfeld (Ortsteil von Eldingen) und nutzte die Bahnstation für Fahrten nach Hannover.

Heidelberg

Die im Krieg unzerstört gebliebene Romantikhochburg Heidelberg gilt als Touristen-Hotspot. Kein Wunder, gibt es hier einen Liebesstein am Neckar, unweit der alten Brücke, mit dem der Stilepoche Romantik zuzuordnenden Gedicht **Der Blick** von Joseph von Eichendorff (1788-1857) und einem verliebten Blick auf die Stadt durch ein Loch im Stein. Durch die bedeutende Universität hielten sich zahlreiche Geistesgrößen in der Stadt auf, was zu einer Vielzahl an Gedenktafeln geführt hat.

Joseph Victor von Scheffel, Friedrichstr. 6

Der in Karlsruhe geborene Joseph Victor von Scheffel (1826-1886) studierte in den 1840er Jahren in Heidelberg.
In der Stadt ist er für das **Heidelberg-Lied** bekannt. Man kann es heute auf einer Gedenktafel an einem Altstadthaus, wo von Scheffel 1844 bis 1847 wohnte, lesen.

Ossip Mandelstam, Friedrich-Ebert-Anlage 30

Ossip Mandelstam wurde in Warschau geboren und war polnisch-
jüdischer Abstammung. Polen gehörte damals jedoch zu Russland
und bald zog die Familie nach St. Petersburg. Mandelstam studierte
in Paris, Heidelberg und St. Petersburg. Er gehörte zur 1912
entstandenen russischen **Poetengilde der Acmeisten.** Unter Stalin
wurde er in ein Lager verschleppt, wo er auch starb.

Alle zwei Jahre findet in Hildesheim die Literaturveranstaltung **Lesezeichen** statt. In der ganzen Stadt sind dabei Gedichte aufgehängt. Im Jahr 2021 waren am Bahnhof 12 Gedichte des Hildesheimer Schriftstellers **Jo Köhler** (*1960) zu lesen, darunter das **Erfolgsrezept** 2021 in 'Grenzseitig, 100 Gedichte & Essays' veröffentlicht.

Goethe hat in seiner Funktion als Bergwerksdirektor recht viel Zeit in Ilmenau im Thüringer Wald verbracht. Gedenktafeln, die Goethes Aufenthalte und Wohnplätze markieren, ein sitzender Bronze-Goethe am Marktplatz und ein Nachbau einer Berghütte am Bahnhof, weisen in der Stadt auf Goethe hin.

Goethe, Blue Ash Park am Bahnhof, Friedrich-Ebertstr.

Anfang September 1780 verbrachte Goethe eine Woche in einer Hütte auf dem Ilmenauer Hausberg Kickelhahn (861 m). Dort schrieb er in der Nacht des 7. September 1780 das Gedicht **Über allen Gipfeln (Wandrers Nachtlied)** an die Wand des Bretterhäuschens. Im Jahre 1831 besuchte er das Häuschen ein letztes Mal, um dieses Gedicht zu finden. Das Kickelhahn-Häuschen brannte 1870 ab, wurde daraufhin jedoch originalgetreu wieder aufgebaut. Eine Tafel an der Fassade zeigt den Text des Gedichtes. Ein Miniatur-Nachbau des Häuschens steht am Bahnhof Ilmenau. Auch die Gedichttafel ist darauf zu finden.

Köln ist eher eine Stadt der deutschen Nachkriegsliteratur als eine Metropole der klassischen Literatur. In Köln wohnten zum Beispiel der Literaturnobelpreisträger Heinrich Böll und der Dichter Rolf Dieter Brinkmann. Der 1940 in Vechta geborene Schriftsteller und innovative Dichter **Rolf Dieter Brinkmann** lebte ab 1962 in Köln. Im April 1975 wurde er in London beim Überqueren einer Straße von einem Auto überfahren und starb. Seine letzte Wohnung hatte er in der Engelbertstraße 65 in Köln. Dort fand sich lange ein **Graffito** am Eingang, welches auf den Schriftsteller hinwies. Dieses **Graffito** wurde dann abfotografiert und als **Gedenktafel** an der Fassade befestigt. Diese Lösung ist originell und ungewöhnlich.

Rolf Dieter Brinkmann, Engelbertstr. 65

Rainer Maria Rilke, Köln, Melaten-Friedhof, Eingang

Der in Prag geborene und in der Schweiz gestorbene Rainer Maria
Rilke (1875-1926) hatte keine biographischen Bezüge zu Köln.
Seine Lyrik wird jedoch gerne zitiert und zwei von 13 Zeilen des
Gedichtes **Ich bin, du Ängstlicher** (1899) sind am Eingang des
Melaten-Friedhofs von Köln zu lesen.

Lübeck

Lübeck ist die Stadt von Thomas Mann (1875-1955) einem der größten deutschen Schriftsteller. Thomas Mann verließ allerdings bereits in jungen Jahren die Stadt und lebte längere Zeit in München, bevor er erst in die Schweiz und dann nach Amerika emigrierte. Nach dem Krieg kehrte er in die Schweiz zurück. Weitere bedeutende mit Lübeck verbundene Namen sind Günter Grass und Willy Brandt. Nach dem Lübecker Johann Ballhorn der Jüngere (1550-1604) ist zudem das Verballhornen benannt.

Thomas Mann, Gedenksäule Breite Str. 36A

In der Breiten Straße in Lübeck, am Standort des ersten Elternhauses von Thomas Mann (Breite Str. 38) und unweit des im Krieg zerstörten und wieder aufgebauten Buddenbrook-Hauses, wo Mann seine Jugend verbrachte, steht der von Ulrich Beier (1928-1981) im Jahr 1975 geschaffene **Thomas-Mann-Stein**. Dieser Marmorstein soll an ein aufgeschlagenes Buch erinnern, die Inschriften sind Zitate aus Manns Werken.

Nürnberg

Der Nürnberger Hans Sachs (1494-1576) war Schriftsteller, Dichter und Meistersinger und zudem noch als Schuh-machermeister tätig. Um den Lüftungsschacht einer U-Bahn zu kaschieren, wurde 1984 in der Nürnberger Fußgängerzone am Weißen Turm der sehr figürliche Brunnen **Ehekarussel** aufgestellt. Der Brunnen nimmt Bezug auf Sachs' Gedicht **Das bittersüß eh'lich' Leben**, geschrieben im Jahre 1541. Ein herzförmiger Stein am Brunnen zeigt den Gedichttext. Auszug:

> **Mein Frau ist mein treuer Freund**
> **Oft worden auch mein grösster Feind.**
> **Sie ist mein Herzens Aufenthalt**
> **Und machet mich doch grau und alt.**

Regen

In der am gleichnamigen Fluss gelegenen Kleinstadt Regen im Bayerischen Wald hatte ab 1918 der deutsch-baltische Schriftsteller **Siegfried von Vegesack** (1888-1974) in einem Wirtschaftsgebäude der Burgruine Weißenstein ein Zuhause gefunden. An der Glasbarriere der oberen Ebene am Stadtplatz ist ein Vegesack-Gedicht über die Stadt Regen zu lesen, welches sich jedoch schlecht fotografieren lässt.

Regen
Kleine Stadt mit unbekanntem Namen,
in die selten fremde Menschen kamen.
Giebeldächer, Erker, enge Gassen,
Heiliger auf der Brücke, weltverlassen.
Spitzer Kirchturm um den rings die Mauern altersgrauer Häuser
ängstlich kauern.
Glockenschlag verträumtes Brunnenrauschen,
dem wir nachts, schon halb im Schlafe, lauschen.
Dunkle Wälder, helle Wiesenhänge,
weites Land und naher Häuser Enge.
In sanften Hügeln eingebettet
An des Flusses Silberlauf gekettet
Bleibst du, Städtchen, ewig wo du bist,
weil es hier am allerschönsten ist.

Stuttgart

'**Der Schelling und der Hegel, der Schiller und der Hauff, das ist bei uns die Regel, das fällt hier gar nicht auf**', sagen die Schwaben. Hegels Geburtshaus in Stuttgart ist heute ein Museum. Das Haus, in welchem Wilhelm Hauff geboren wurde, wurde im 2. Weltkrieg zerstört. Schelling und Schiller kamen aus dem Umland der Stadt (Leonberg und Marbach). Schiller ging hier zur Schule und am Schillerplatz steht ein Denkmal für den Dichter. Da Stuttgart damals keine Universität hatte, studierten diese Geistesgrößen aber woanders, oft in Tübingen oder traten Professuren in anderen Städten an, wie Berlin oder Jena. Gedichttafeln für Schiller und Hauff gibt es in Stuttgart nicht. Dafür kann man in Halbhöhenlage ein Gedicht von Albrecht Goes lesen.

Albrecht Goes, Grünfläche Stadtbahnhaltestelle Bubenbad

Der Gedenkstein zeigt das um 1940 entstandene Gedicht **Sieben Leben** des in Langenbeutingen bei Heilbronn geborenen Schriftstellers und protestantischen Theologen Albrecht Goes.

Timmendorfer Strand

Das erste Schriftstellertreffen der Gruppe 47 fand 1947 in einem
Häuschen bei Füssen im Allgäu statt. Auch in den folgenden
Jahren, die deutschen Großstädte waren kriegszerstört, traf man
sich eher an kleineren, touristischen Orten. Im Mai 1952 war es der
Ostseeort **Timmendorfer Strand** bei Lübeck. Daran erinnert heute
eine Gedenktafel. Auf der Rückseite der Tafel ist ein Gedicht von
Ingeborg Bachmann zu lesen.

Ingeborg Bachmann, Strandstr. 123

Die in Klagenfurt geborene Schriftstellerin Ingeborg Bachmann (1926-1973) hat den Gedichtzyklus **Ausfahrt** im Gedichtband 'Die gestundete Zeit' im Jahre 1952 publiziert. Im Mai 1952 hatte sie am Treffen der Gruppe 47 im Ostseeort Timmendorfer Strand teilgenommen und war dadurch bekannt geworden.

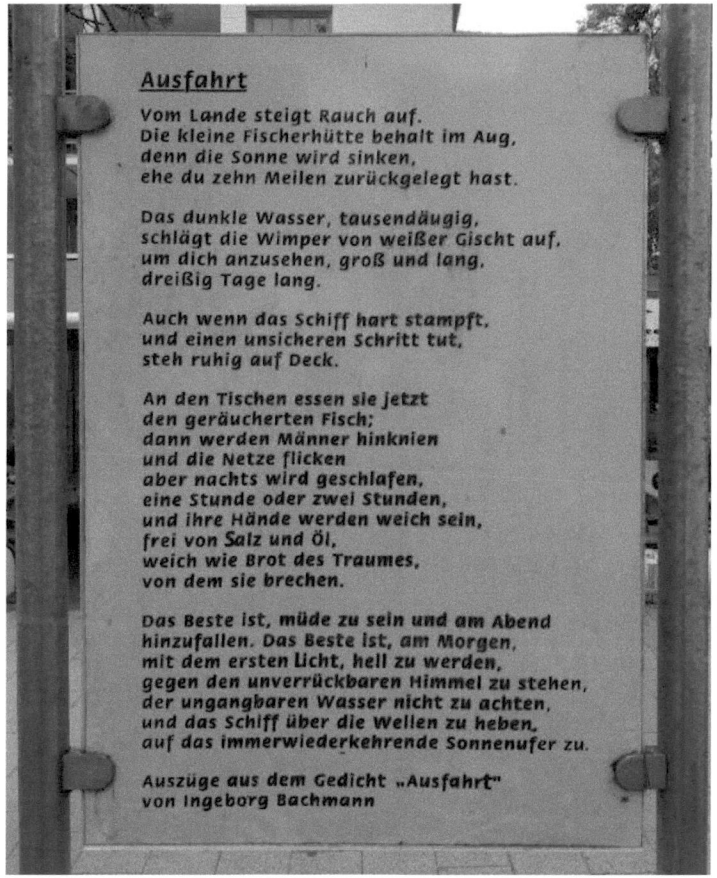

Ausfahrt

Vom Lande steigt Rauch auf.
Die kleine Fischerhütte behalt im Aug,
denn die Sonne wird sinken,
ehe du zehn Meilen zurückgelegt hast.

Das dunkle Wasser, tausendäugig,
schlägt die Wimper von weißer Gischt auf,
um dich anzusehen, groß und lang,
dreißig Tage lang.

Auch wenn das Schiff hart stampft,
und einen unsicheren Schritt tut,
steh ruhig auf Deck.

An den Tischen essen sie jetzt
den geräucherten Fisch;
dann werden Männer hinknien
und die Netze flicken
aber nachts wird geschlafen,
eine Stunde oder zwei Stunden,
und ihre Hände werden weich sein,
frei von Salz und Öl,
weich wie Brot des Traumes,
von dem sie brechen.

Das Beste ist, müde zu sein und am Abend
hinzufallen. Das Beste ist, am Morgen,
mit dem ersten Licht, hell zu werden,
gegen den unverrückbaren Himmel zu stehen,
der ungangbaren Wasser nicht zu achten,
und das Schiff über die Wellen zu heben,
auf das immerwiederkehrende Sonnenufer zu.

Auszüge aus dem Gedicht „Ausfahrt"
von Ingeborg Bachmann

Wuppertal

Eine große Zahl prominenter Personen stammt aus Wuppertal oder ist mit Wuppertal verbunden. Darunter sind etwa Friedrich Engels (Barmen) und Pina Bausch. Was Literatur betrifft, ist Else Lasker-Schüler (1869-1945) die wichtigste in der Stadt geborene Schriftstellerin.

Else Lasker-Schüler, Denkmal, Fußgängerzone Herzogstr.

Unweit des Geburtshauses der Poetin Else Lasker-Schüler (1869-1945), Ecke Herzogstr./Bankstraße, steht ein von Stephan Huber (München) geschaffenes und 1989 aufgestelltes Denkmal. Es nimmt Bezug zu Laskers **Weltflucht** und zitiert das letzte Wort des Gedichtes, 'Meinwärts'.

Ich will in das Grenzenlose
Zu mir zurück...
Um zu entfliehn
Meinwärts!

Autor unbekannt, Ein Baum, Cronenberg Bahnhof

Ein Baum
Gepflanzt um das Jahr 1900
Erlebte bis zum Bau dieses Hauses
Über achtzigmal Frühling Sommer
Herbst und Winter
Über achtzigmal war er in Blüte
Trug er volles Grün
Warf er seine Blätter ab
Und hatte kahle Äste
Über neunundzwanzigtausendmal
Ging die Sonne um ihn auf
Und wieder unter
Er überstand Hitze und Trockenheit
Eis und Schnee Krankheit und
Sturm Krieg und Zerstörung.

Dieses Gedicht stand auf einer Tafel am Bahnhof von Wuppertal-Cronenberg. Es sollte als um 1980 entstandene Kunst am Bau an einen vor 40 Jahren gefällten Baum erinnern. Im Mai 2022 wollte ich die Tafel fotografieren. Doch im Frühjahr 2022 hatte ein Sturm die Tafel zerstört und nur ein leerer Metallrahmen verblieb.

Horst Gläsker, Holsteiner Treppe (Elberfeld)

Anlässlich der **Regionale 2006** und des Kunstprojektes **7 Treppen** wurde durch den Künstler Horst Gläsker (*1949) die Installation **Scala** eingerichtet. Die 112 Stufen in Regenbogenfarben zeigen die neun Abschnitte des Lebens in 112 Worten. 2016 wurde die Farbe aufgefrischt. Graffiti an den Fassaden begleiten die Treppe.

Schlusswort

Ich hoffe, die kleine Sammlung von kuriosen, absurden und witzigen Gedichttafeln ist für alle LeserInnen unterhaltsam und anregend. Über Hinweise zu weiteren, interessanten Tafeln würde ich mich freuen. Kommentare zur bestehenden Sammlung sind ebenfalls willkommen. Am besten an:
Richard.deiss@gmail.com

Zum Autor

Richard Deiss stammt aus Isny im Allgäu, studierte in den 1980er Jahren in München Geografie und arbeitete ab den 1990er Jahren als Verkehrsplaner und im Bereich der Statistik. Heute lebt er in Wuppertal und Berlin. Bei BoD hat er seit 2006 bereits mehr als 50 Titel publiziert, zuletzt neun Bücher zu von ihm besuchten Städten und 2 Wortspielbücher. Zurzeit arbeitet er an einer Buchreihe zu Gedenk- und Informationstafeln. Seine Bücher sind in dieser Form außergewöhnlich und decken zudem Themengebiete ab, zu denen es bisher wenige Veröffentlichungen gibt. Die LeserInnen dürfen gespannt sein auf weitere Neuerscheinungen.

Es ist ihm ein Anliegen, seine Leserschaft damit zu unterhalten, zu erstaunen und zu erheitern. Und lernen kann man dabei auch noch etwas.

Quellen

Bilder: Fotos: Richard Deiss, Seite 45 unten: Wikipedia

Literatur

Arnsberg, Poesiepfad
www.poesiepfad.de

Ahlen-Vorhelm, Augustin Wibbelt
http://www.kathvorhelm.de/archivbilder_wibbelt.html

Bergisch Gladbach
https://www.bergischgladbach.de/lyrikpfad.aspx

Duisburg
https://www.duisburg.de/vv/produkte/pro_du/dez_vi/31/102010100000057382.php

Hildesheim, Lesezeichen
https://www.hildesheimer-lesezeichen.de

Hünfeld, Offenes Buch
https://www.museum-modern.art/das-offene-buch

Karlsruhe, Gedichtpfad
https://ka.stadtwiki.net/Gedichtpfad

Leiden, Muurgedichten
https://muurgedichten.nl/nl

Mönchengladbach, Gedichtweg
https://rponline.de/nrw/staedte/moenchengladbach/stadtgespraech/moenchengladb
ach-gedichtweg-im-schmoelderpark-rheydt_aid-39495221

Much, Lyrikweg
www.lyrikweg.de

Salzburg
https://www.kulturvereinigung.com/de/Trakl/Gedichttafeln

Sögel, Mauergedichte
https://www.emsland.com/urlaub/sehenswertes/details/mauergedichte-soegel/

Weitere Bücher des Autors zu Gedenktafeln
(Siehe www.bod.de)

Hier war Goethe nie
77 wundersam-witzige Info- und Gedenktafeln
Norderstedt 2022